Das Buch

Woran erkennt man sie eigentlich, die vielzitierte »Liebe«? Hat die was mit Kinderkriegen zu tun? Warum kommt das Baby aus dem Bauch der Mutter – und wie ist es überhaupt da hineingeraten? Fragen, zu denen Kinder ihre ganz eigenen, meist ziemlich originellen Ansichten haben. Eine unterhaltsame Sammlung dieser Äußerungen in Wort und Bild finden Sie in diesem bezaubernden Buch.

Die Herausgeberin

Margit Mitter, Jahrgang 1968, Diplom-Kauffrau, lebt in Berlin und arbeitet dort unter anderem als Bildungsprojektentwicklerin. 2005 gründete sie den Verein »Kidfield e.V. Förderung der Lebens- und Berufsvorbereitung«, der Bildungsprojekte in der Kunst- und Kulturbranche initiiert, in denen Kinder und Jugendliche spielerisch unternehmerische Kompetenzen und selbständiges Arbeiten entwickeln können.

Margit Mitter (Hrsg.)

Früher gab es Störche, heute macht Mama alles allein

Was Kinder von der Liebe und vom Kinderkriegen wissen

Ullstein

Besuchen Sie uns im Internet:
www.ullstein-taschenbuch.de

Umwelthinweis:
Dieses Buch wurde auf chlor- und säurefreiem Papier gedruckt.

Originalausgabe im Ullstein Taschenbuch
1. Auflage März 2006
2. Auflage 2006

Umschlaggestaltung: Büro Hamburg
Titelabbildung: Andrikó A'dám
Konzept und Layout: Margit Mitter
Grafik: Julia Braun, www.Designlabor-Berlin.de
Satz: LVD GmbH, Berlin
Druck und Bindearbeiten: Ebner & Spiegel, Ulm
Printed in Germany
ISBN-13: 978-3-548-36818-4
ISBN-10: 3-548-36818-2

Vorwort

Liebe – Schwangerschaft – Geburt: Wenn Erwachsene darüber reden oder schreiben, ist nur wenig Überraschendes zu erwarten. Wenn jedoch Kinder sich dazu äußern, ist man immer wieder verblüfft über deren Phantasie und Kreativität – wenn sie beispielsweise erklären, wie und warum das Baby in den Bauch der Mutter kommt (und auch wieder da raus) oder worin der Unterschied zwischen einem richtigen und einem falschen Kuss besteht …

Dieses Buch entstand aus einer Sammlung solcher meist ulkiger, oft bezaubernd naiver und manchmal auch altkluger Aussprüche von Kindern im Alter zwischen vier und zwölf Jahren. Ebenso originell sind die Bilder, mit denen die Kinder ihre Vorstellungen von der Liebe und vom Kinderkriegen, von Familie und Zweisamkeit illustriert haben.

Mein großer Dank gilt allen Eltern, die mir Stilblüten und Ansichten ihrer Kinder mitgeteilt haben, und natürlich all den Mädchen und Jungen, die in Wort und Bild etwas zu diesem Buch beigetragen haben. Alexandra, Anna, Antonia, Aylin, Bruno, Catalina, Chantal, Charlotte, Chiara Isabella, Deria, Emma, Francesca, Gyenes, Hanna, Hegoa, Helena, Henrike, Irati, Irene, Jan, Jasmin, Julia, Kajopi, Karl, Kevin, Kira Tijen, Kim, Larita, Leila, Lilli, Lina, Luis, Luisa, Martha, Marvin, Meret, Mina, Manon, Moritz, Nancy, Nathalie, Nele, Nina,

Norina, Philine, Pinar, Rieke, Saskia, Sören, Sophie, Yoko und Zoe – vielen Dank euch allen fürs mitmachen!
Ein besonderer Dank geht an Andrikó, der uns ein Bild von wunderbarer Schlichtheit und Schönheit geschenkt hat. Er hatte es eher zufällig gezeichnet, weil seine Freundinnen eines Nachmittags lieber malen wollten, als mit ihm zu spielen. Auf diese Weise ist das Bild entstanden, das nun den Umschlag dieses Buches ziert.

Margit Mitter

Die Menschen sind in Kugeln,
bevor die wachsen

Alle Menschen haben einen Baumstamm,
aber nicht so einen wie im Wald steht,
sondern so was, wo die Oma wo war und
der Opa auch aber woanders. Und der hat
die dann geheiratet und Papa ist gekommen
und der hat Mama geheiratet. Mama ist das
Kind anderer Eltern. Aber ich hab nur einmal
Eltern.

ich
Bruder
Schwester
Mama
Tante
Tante
Oma

Wenn man eine Familie bleiben will
weil Essen für umsonst gibts nur in

muss man sich was einfallen lassen
der Mausefalle

MEISTENS MACHT MAN DIE
IM HAUS, ABER IM SOMMER
GEHT DAS AUCH DRAUßEN

Ich bin ein Mann und
Suche eine Frau. Sie soll
nett sein ich bin auch nett.
Wenn sie schon ein Kind
hat, ist das kein Problem.
Ich sehe gut aus. Ich
mag blonde und braune
Haare. Ruf mich doch an!

Papa hat Mama
in einer Anzeige
kennengelernt
und Mama den
Papa im Skiurlaub

Papa findet auch, dass Liebe viel mit
Kuscheln und Küssen zu tun hat und
Mama meint, aber noch viel mehr
mit Socken aufräumen

Ein Baby kommt
nicht einfach so
ohne was aus der
Luft

Fortpflanzung ist, wenn
Menschen mehr werden.
Bei Pflanzen fliegen die
Samen in der Luft hin
und her und wenn die
dann am Boden liegen
bleiben und es regnet,
können neue wachsen.
Bei den Menschen wachsen
die Samen im Bauch. Die
können nur in Müttern
wachsen wenn sie einen
Mann haben, der das rein-
macht. Man macht das,
wenn man sich liebt und
damit es noch länger
Menschen gibt.

Die schießen die Männer
mit Stäben rein
und die kommen
aus dem Bobbes raus

Die machen das bevor
die schlafen und
wenn die das machen
legen die sich hin
und schütteln sich
hin und her

Die kann man
im liegen machen
aber auch im Stehen
und im Bett oder
woanders

Früher haben die die Babys
erst gehabt als die
verheiratet waren.
Dann war es Klar
wer es gemacht hat,
aber heute ist das egal
da Kann es jeder einfach
so sein

Früher gab es Störche
heute macht Mama
alles allein

Die werden von Eltern gemacht
oder die kann man adoptieren,
aber dann kriegt man die
nicht für ohne Geld

Kinder aus verschiedener Welt.

DIE NABELSCHNUR GEHT IN DIE MAMA-SPEISEKAMMER

Wenn man ein Baby gekrigt hat verschickt man es in Karten rum

Es war einmal ein kleines Mädchen. Das wollte nicht das ihre Mutter noch ein Baby krigt.

Man kann was gegen Babys durch den Mund schlucken oder man kann vorher Watte reinstecken

Männer können keine
Babys im Bauch haben.
Oft sehen die schon so
aus, aber meistens ist
das nur Bier, was man sieht

Die macht man in der Nacht aber auch vielleicht

am Tag aber meine sind da in der Arbeit.

Mein Papa
liebt meine Mama
weil die lieb ist
und weil die mag
wenn Papa
heißer Kâter sagt

Im Fernsehen drücken die nur den
Mund aufeinander aber in echt
muss man sich die Zunge im Mund
herum schieben, sonst ist man
nur botanische Freunde

Die Babys muss man
machen aber den
Papa angeln die
Frauen vorher

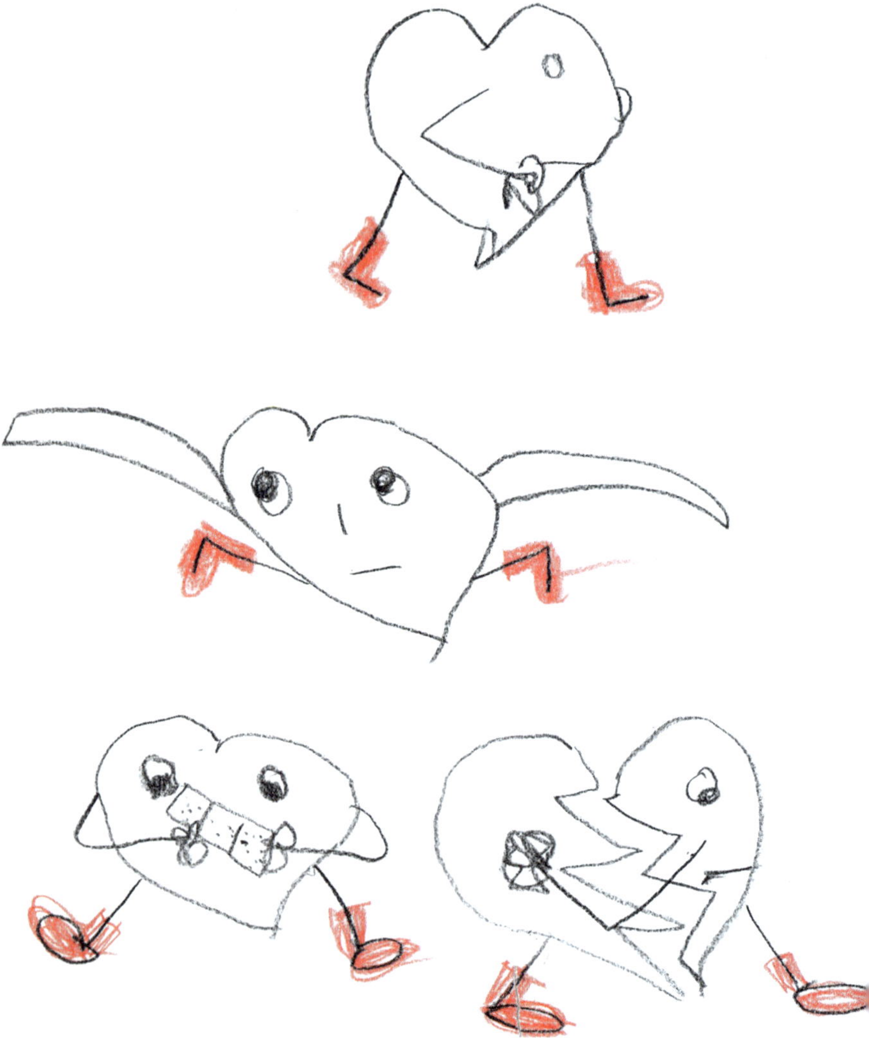

Wenn man sich streitet,
ist das nicht schlimm,
wenn man dann wieder Lieb ist

Streit
versöhnung

Es gibt Männer und Frauen
und welche die wechseln

Sex ist was mit Turnen

Wenn mann sich wir-
klich Lieb hat, darf
man keine Doppel-
männer oder keine
Doppellfrauen
woanders haben.

Menschenbabys werden
am Anfang im Arm
getragen und
Hundebabys im Mund

Mama hat mich mit Liebe gemacht
Mutter
Vater
Baby

Die Müttern machen Mädchens

Die Vatern machen die Jungs

"Wir feiern Hoc
würden uns
du kommst"

eit und
45 cent
reuen, wenn

Wenn man heiratet,
unterschreibt man
für sein Leben

DIE MÜSSEN ABGESCHNURT WERDEN
WENN DIE AUS DEM BAUCH SIND

Mama hat noch eins
bekommen weil sie
eine Pillessvergesserin
ist

Ein Mann macht die
Babys in den Bauch,
mit einer ~~[illegible]~~ Maschine.
Und es gibt verschiedene
Männer die das machen,
wenn man das will

Die kommen nicht einfach rein
wenn die schlafen.
Die schieben die Männer rein
und wenn die raus müssen
kommen die raus wo die rein sind

Man muss sexen und der Mann muss elukiere

Famiflie ist man
wenn man Kinder Hat,
Papa ist man wenn
ein Ding hat,
Mama ist man wenn
man keins hat

Man kann es schrei
ben wie man will,
es kommt darauf
an, was man ~~meit~~
meint:

6

oder

VI

oder

Sechs

oder

Sex

Erst wollen die für immer
zusammen bleiben, aber
dann wollen die doch
wieder neue ausprobieren.
Papa hat jetzt eine ohne
Schenkelrunzeln.

I Love you

Es ghet oft gut und oft ghet es auch nicht. Das ist dann schlecht für die Kinder. Die Eltern haben dann Kein Geld mehr weil die neue Wahnungen zahlen müssen und die Kinder beKommen Keine Spielsachen mehr, weil geldKarte nicht mehr funKtioniert

Bäää

EINE FruchtBLASE IST SO WAS,
WIE WENN EIN HUHN EIN EI
IM BAUCH HAT, ABER BEI DEN
MENSCHEN HAT ES EINE WEICHE
Schale. ES LIEGT IM WASSER
UND WENN DAS BABY
RAUSKOMMT FALLT DIE BLASE
AUCH RAUS UND DIE
FRAU HAT ERST WIEDER
EINE, WENN SIE WIEDER
EIN BABY BEKOMMT

Der schnellste ist ein Spermarennengwinner

Die Babys werden aus mehreren Kleinen Teilen gebaut.

Wenn man geheiratet hat,
muss man immer in der
gleichen Wohnung schlafen

Babys machen kann
man überall auf der
Welt und am mehrsten
dort wo es heiß ist.
Die machen dort mehr,
weil die nach dem
Mittagessen nicht
arbeiten

MAN KANN KINDER
AUCH AUF DER WIESE
MACHEN UND AM STRAND.
ABER NUR WENN ES
DUNKEL IST.

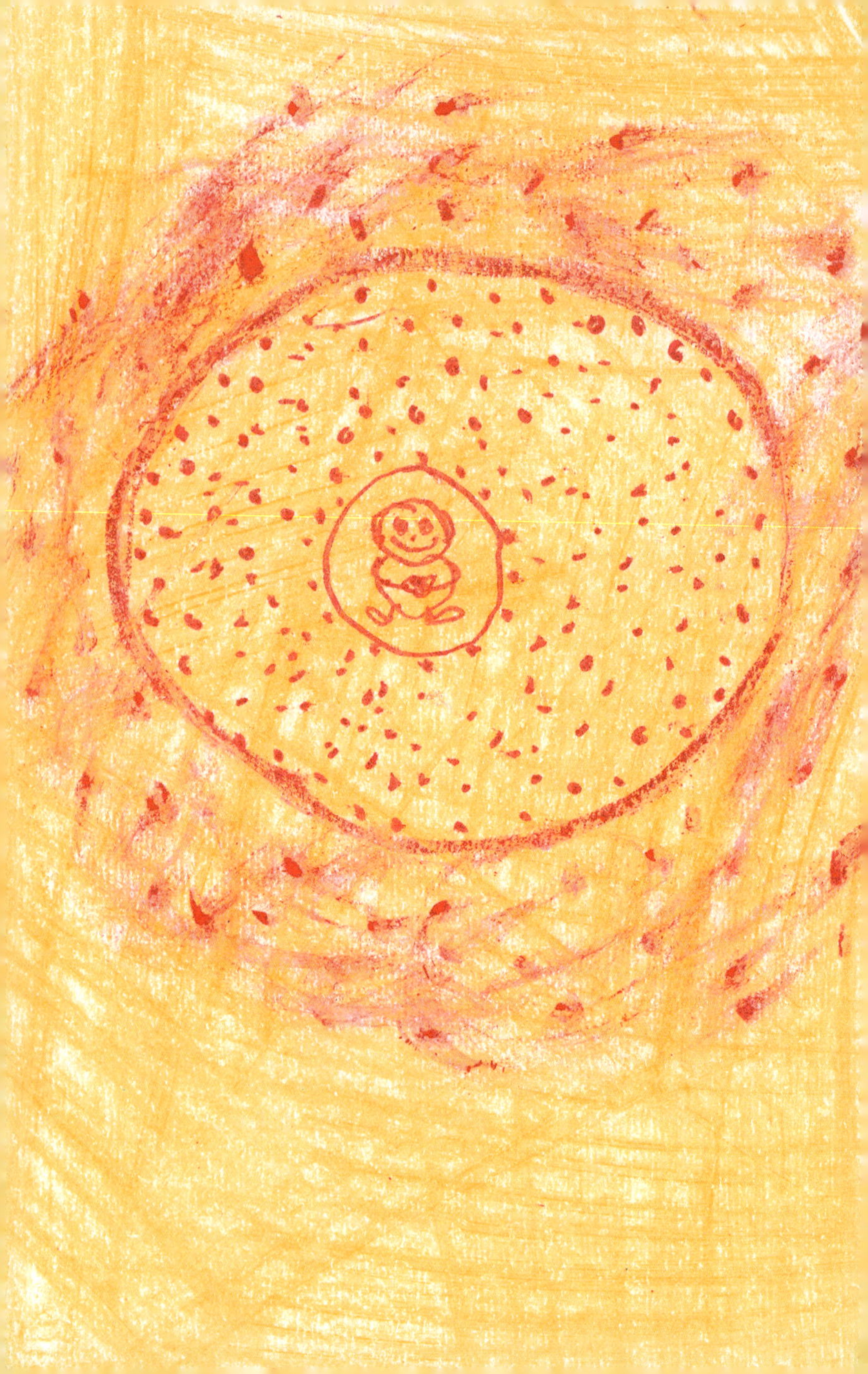

Man ist im Bauch erst eine Zeit in einer runden Hülle, dann ein bisschen im Wasser und dort wächst der Kopf, die Arme und die Fükße und so weiter. Und dann, wenn man heraus muss, trocknet man und wird nur noch beim Baden nass oder wenn man in die Windeln macht.

Die leben neun Monate
im Abwasser und
trinken das

DIE WACHSEN IN EINER
HÖHLE IM BAUCH UND KOMMEN
IRGENDWIE RAUS

BABY IM BAUCH

Ganz am Anfang
sid alle Menschen ein Samen,
aber nicht so hart wielder,
den Mama für Blumen kauft.
Wir sind weich und nicht
zu ~~st~~ sehen. Meistens schieben
die
Männer das nach dem
schlafengehen dann zu den
Frauen rüber. Dann ~~ka~~ kann
der Samen im ~~Bauch~~ Bauch
~~er~~ ein ~~Bo~~ Baby werden.

Mädchen kriegen eine Scheibe
Jungs einen Pullermann

WOLKE

NR. 7

MAMA HAT GESAGT, AB DER SECHSTEN
KLASSE WERDEN ÜBERSCHNITTLICH
VIELE JUNGS ZU MÄNNERN UND MAN
SOLL SICH BISSCHEN FERN HALTEN

Jungs müssen sich verhüten,
Mädchen unterm
T-Shirt anzufassen,
bevar die
Frauen sind

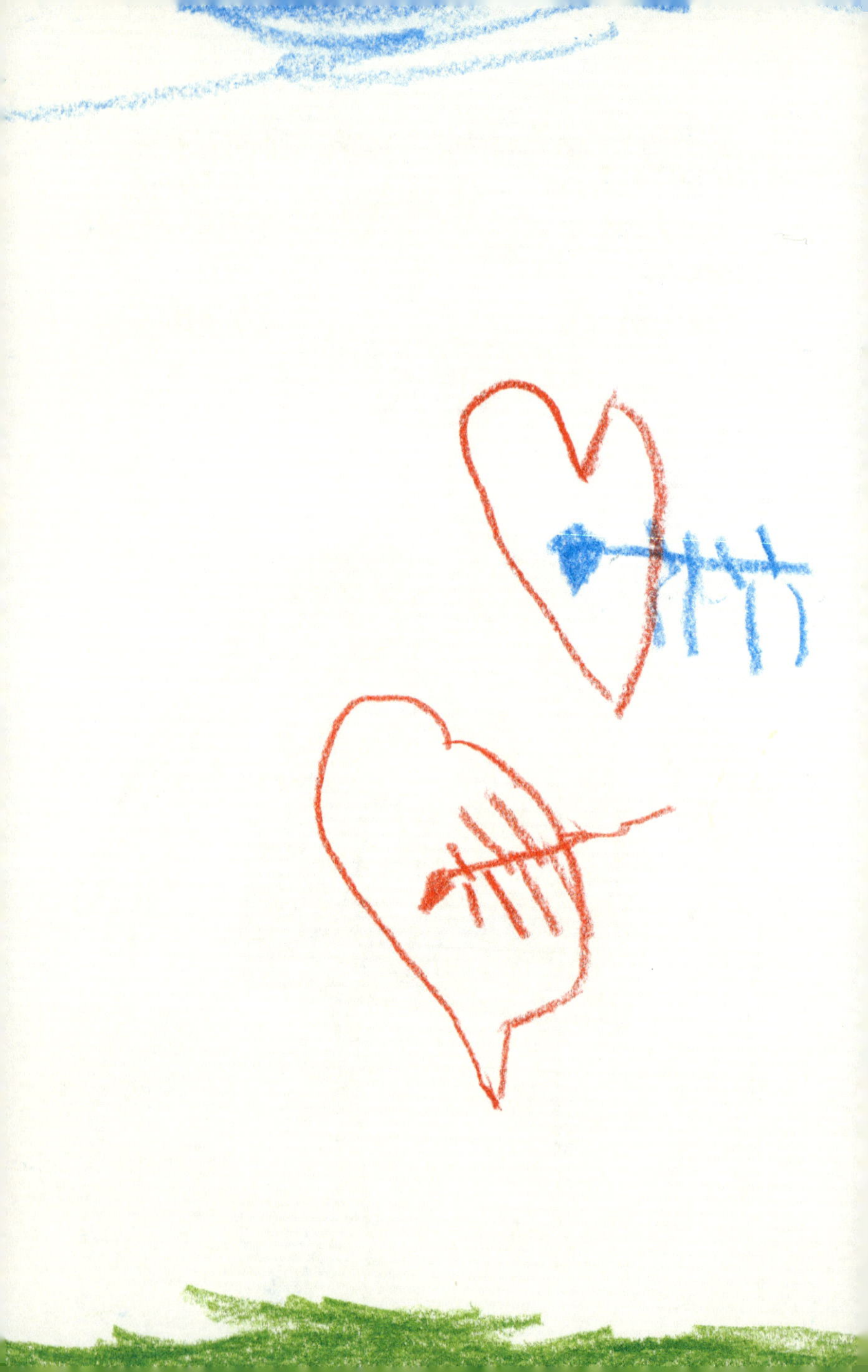

Wenn eine
Mutter ein Kind
hat und der
Vater nicht
mit ihr
geheiratet hat,
muss er das
Kind nur
unterhalten

MICH HABEN DIE IM URLAUB GEMACHT

WEIL ICH SO FAUL BIN

WENN MAN IN DER WOHNUNG KEINE MACHEN KANN.

DANN KANN MAN EINS VOM ARZT REINMACHEN

Meine Eltern
sagen manchmal
die haben mich
im Krankenhaus
verwechselt

In der Babywachszeit
sehen Frauen aufgeblüht aus

Manche Männer holen
Samen von der Bank
wenn die keinen haben

... Zwei Zwilinge
sint im Bauch schon
ser gewaksen
werden balt und
die Welt auf
kommen.
Dise Zwei Zwilinge
heißen: Sui und
Soisa. Die Mutta
heißt: Kala und
Papa Klaus. Diese Zwei
Leute wollten
schon immer
ein Kind krigen
doch sie haben
Zwei Kinder.
Die Frau denkt
das wer ein
Traum doch das
ist es nicht.
und die Frau ist
Glüklich und
eben so der Mann.

und die Kinder
sind ser Gesund
auf die [redacted]
Welt gekommen.

Wenn es Zwillinge sind haben Eltern sich doppelt lange geliebt

Zwillinge entstehen durch Doppelsex

AUF DER WELT
LEBEN VIELE LEUTE
UND WENN DANN
NOCH MEHR
DORT LEBEN,
DANN LEBEN DORT
NOCH MEHR

Nach
Der

AM ANFANG KANN MAN NICHTS ALLEINE.
DA MÜSSEN DIE MÜTTERN
ALLES MACHEN, DIE MÜSSEN EINEN
FÜTTERN UND WICKELN UND RUMSCHIEBEN
UND MÜSSEN SPIELE AUSDENKE. SPÄTER
MUSS MAN SELBE ESSEN LERNEN
UND TÖPFCHENTRAINING MACHEN
UND DANN MUES MANN ARBEITEN
UND WENN MAN JEMAND FINDET
KANN MAN KINDER MACHEN

Jeder kann
eigentlich
jedes Jahr
geboren
werden
und jeden
Tag und
jeden Monat,
aber manch-
mal kann
man nur
alle vier
Jahre
geboren werden

1 2 3 4 5 6
7 8 9 10 11 12
13 14 15 16 17 18
19 20 21 22 23 24
25 26 27 28
Februar
1 2 3 4 5 6
7 8 9 10 11 12
13 14 15 16 17 18
19 20 21 22 23 24
25 26 27 28 29 30
31 März
1 2 3 4 5 6
7 8 9 10 11 12
13 14 15 16 17 18
19 20 21 22 23 24
25 26 27 28 29 30
31 Mai
1 2 3 4 5 6
7 8 9 10 11 12
13 14 15 16 17 18
19 20 21 22 23 24
25 26 27 28 29 30
Juni
1 2 3 4 5 6
7 8 9 10 11 12
13 14 15 16 17 18
19 20 21 22 23 24
25 26 27 28 29 30
31 August
1 2 3 4 5 6
7 8 9 10 11 12
13 14 15 16 17 18
19 20 21 22 23 24
25 26 27 28 29 30
September
1 2 3 4 5 6
7 8 9 10 11 12
13 14 15 16 17 18
19 20 21 22 23 24
25 26 27 28 29 30
November
1 2 3 4 5 6
7 8 9 10 11 12
13 14 15 16 17 18
19 20 21 22 23 24
25 26 27 28 29 30
31 Dezember

Die kleinen Alltagsrätsel für Kinder erklärt

Kinder können einem Löcher in den Bauch fragen: Warum klopft der Specht? Kommen Schnecken mit ihrem Haus auf die Welt? Warum können wir uns nicht selbst kitzeln? Warum reiben Fliegen ständig ihre Beine aneinander?
Isabelle Auerbach hat eine unterhaltsame Sammlung unterschiedlichster Kinderfragen zusammengestellt und gibt mit Hilfe zahlreicher Experten spannende und amüsante Antworten darauf. Auch Erwachsene können hier noch etwas lernen!

»Kompetent und humorvoll. Eignet sich wunderbar zum Vorlesen.«
Stiftung Lesen

Haben Hühner einen Bauchnabel?
Spannende Fragen und Antworten für Kinder und Erwachsene
ISBN-13: 978-3-548-36496-4
ISBN-10: 3-548-36496-9

ULLSTEIN

US82

Wer nicht fragt, bleibt dumm!

Es gibt viele Fragen, die uns alle beschäftigen, die sich jedoch nur Kinder unverblümt zu stellen trauen: Soll ich an den lieben Gott glauben? Warum gibt es Arm und Reich? Warum führen Menschen Krieg? Was ist der Sinn des Lebens?
Zahlreiche Prominente haben sich den Fragen gestellt, die Kindern auf dem Herzen liegen. Entstanden ist eine spannende Sammlung von Antworten, aus denen auch Erwachsene durchaus noch etwas lernen können.
Mit Beiträgen von Sir Peter Ustinov, Ephraim Kishon, Hildegard Hamm-Brücher, Carl-Friedrich von Weizsäcker, Alice Schwarzer, Anne Will, Senta Berger, Heinz Sielmann und vielen mehr.

Soll ich an die große Liebe glauben?
Prominente antworten auf kluge Kinderfragen
ISBN-13: 978-3-548-36680-7
ISBN-10: 3-548-36680-5

ULLSTEIN

US126

So macht Abnehmen Spaß

Übergewicht ist eine der Hauptursachen vieler Zivilisationskrankheiten und macht auch vor Kindern nicht halt. Die Pfunde, die man in jungen Jahren nicht los wird, behält man meist ein Leben lang. Dabei ist Abnehmen gar nicht so schwer. Moby Dicks Spaß-Diät bietet jede Menge leckere, kindgerechte Rezepte und Tips für Schwung und Bewegung im Alltag. So purzeln die Pfunde – und das Selbstbewußtsein steigt.

Moby Dicks Spaß-Diät für Kinder

Spielend leicht in Form

ISBN-13: 978-3-548-36683-8
ISBN-10: 3-548-36683-X

ULLSTEIN

US129

Das Beste von Pease & Pease in Wort und Bild

Die treffendsten Wahrheiten aus dem überwältigenden Bestseller *Warum Männer nicht zuhören und Frauen schlecht einparken* – garniert mit köstlichen Original-Cartoons von Peter Gaymann.

Männer zappen und Frauen wollen immer reden
Mit Illustrationen
von Peter Gaymann
ISBN-13: 978-3-548-36753-8
ISBN-10: 3-548-36753-4

ULLSTEIN

US171